# VICTOR HUGO

## LES FEUILLES D'AUTOMNE
## LES CHANTS DU CRÉPUSCULE
## LES VOIX INTÉRIEURES
## LES RAYONS ET LES OMBRES

PARIS

IMPRIMÉ | ÉDITÉ
PAR | PAR
L'IMPRIMERIE NATIONALE | LA LIBRAIRIE OLLENDORFF

MDCCCCIX

# Les Feuilles d'automne

## Victor Hugo

Ollendorf, Paris, 1909

Exporté de Wikisource le 27/03/2017

# TABLE.

## LES FEUILLES D'AUTOMNE.

Pages.

PRÉFACE
I. Ce siècle avait deux ans
II. À M. Louis B.
III. Rêverie d'un passant à propos d'un roi
IV. Que t'importe, mon cœur, ces naissances de rois ?
V. Ce qu'on entend sur la montagne
VI. À un voyageur
VII. Dicté en présence du glacier du Rhône
VIII. À M. David, statuaire
IX. À M. de Lamartine
X. Un jour au mont Atlas les collines jalouses
XI. Dédain
XII. Ô toi, qui si longtemps vis luire à mon côté
XIII. C'est une chose grande et que tout homme envie
XIV. Ô mes lettres d'amour !
XV. Laissez. Tous ces enfants sont bien là
XVI. Quand le livre où s'endort chaque soir ma pensée
XVII. Oh ! pourquoi te cacher ? tu pleurais seule ici
XVIII. Où donc est le bonheur ? disais-je. — Infortuné !
XIX. Lorsque l'enfant paraît, le cercle de famille
XX. Dans l'alcôve sombre

XXI. Parfois, lorsque tout dort, je m'assieds plein de joie
XXII. À une femme
XXIII. Oh ! qui que vous soyez, jeune ou vieux, riche ou sage
XXIV. Madame, autour de vous tant de grâce étincelle
XXV. Contempler dans son bain sans voiles
XXVI. Vois, cette branche est rude, elle est noire, et la nue
XXVII. À mes amis L. B. et S.-B.
XXVIII. À mes amis S.-B. et L. B.
XXIX. La pente de la rêverie
XXX. Souvenir d'enfance
XXXI. À madame Marie M.
XXXII. Pour les pauvres
XXXIII. À ***, trappiste à la Meilleraye
XXXIV. Bièvre. – À mademoiselle Louise B.
XXXV. Soleils couchants
XXXVI. Un jour vient où soudain l'artiste généreux
XXXVII. La prière pour tous
XXXVIII. Pan
XXXIX. Avant que mes chansons aimées
XL. Amis ! un dernier mot !
   *NOTES DE CETTE ÉDITION.*

Le manuscrit des
I. Notes explicatives
II. Variantes et vers inédits
Notes de l'Éditeur
I. Historique des *Feuilles d'Automne*
II. Revue de la critique
III. Notice bibliographique
IV. Notice iconographique

Couverture de l'édition originale. —

ILLUSTRATION DES ŒUVRES. — REPRODUCTION ET DOCUMENTS

*À un voyageur,* frontispice de l'édition originale (Tony Johannot). — *L'Aumône* (Alfred Johannot).

Fac-similé : *À M. Louis B.*

Le moment politique est grave : personne ne le conteste, et l'auteur de ce livre moins que personne. Au dedans, toutes les solutions sociales remises en question ; toutes les membrures du corps politique tordues, refondues ou reforgées dans la fournaise d'une révolution, sur l'enclume sonore des journaux ; le vieux mot *pairie*, jadis presque aussi reluisant que le mot *royauté*, qui se transforme et change de sens ; le retentissement perpétuel de la tribune sur la presse et de la presse sur la tribune ; l'émeute qui fait la morte. Au dehors, çà et là, sur la face de l'Europe, des peuples tout entiers qu'on assassine, qu'on déporte en masse ou qu'on met aux fers, l'Irlande dont on fait un cimetière, l'Italie dont on fait un bagne, la Sibérie qu'on peuple avec la Pologne ; partout d'ailleurs, dans les états même les plus paisibles, quelque chose de vermoulu qui se disloque, et, pour les oreilles attentives, le bruit sourd que font les révolutions, encore enfouies dans la sape, en poussant sous tous les royaumes de l'Europe leurs galeries souterraines, ramifications de la grande révolution centrale dont le cratère est Paris. Enfin, au dehors comme au dedans, les croyances en lutte, les consciences en travail ; de nouvelles religions, chose sérieuse ! qui bégayent des formules, mauvaises d'un côté, bonnes de l'autre ; les vieilles religions qui font peau neuve ; Rome, la cité de la foi, qui va se redresser peut-être à la hauteur de Paris, la cité de l'intelligence ; les théories, les imaginations et les systèmes aux prises de toutes parts avec le vrai ; la question de l'avenir déjà explorée et sondée comme celle du passé. Voilà où nous en sommes au mois de novembre 1831.

Sans doute, en un pareil moment, au milieu d'un si orageux conflit de toutes les choses et de tous les hommes, en présence de ce concile tumultueux de toutes les idées, de toutes les croyances, de toutes les erreurs, occupées à rédiger et à débattre en discussion publique la formule de l'humanité au dix-neuvième siècle, c'est folie de publier un volume de pauvres vers désintéressés. Folie ! pourquoi ?

L'art, et l'auteur de ce livre n'a jamais varié dans cette pensée, l'art a sa loi qu'il suit, comme le reste a la sienne. Parce que la terre tremble, est-ce une raison pour qu'il ne marche pas ? Voyez le seizième siècle. C'est une immense époque pour la société humaine, mais c'est une immense époque pour l'art. C'est le passage de l'unité religieuse et politique à la liberté de conscience et de cité, de l'orthodoxie au schisme, de la discipline à l'examen, de la grande synthèse sacerdotale qui a fait le moyen-âge à l'analyse philosophique qui va le dissoudre ; c'est tout cela ; et c'est aussi le tournant, magnifique et éblouissant de perspectives sans nombre, de l'art gothique à l'art classique. Ce n'est partout, sur le sol de la vieille Europe, que guerres religieuses, guerres civiles, guerres pour un dogme, guerres pour un sacrement, guerres pour une idée, de peuple à peuple, de roi à roi, d'homme à homme, que cliquetis d'épées toujours tirées et de docteurs toujours irrités, que commotions politiques, que chutes et écroulements des choses anciennes, que bruyant et sonore avènement des nouveautés ; en même temps, ce n'est dans l'art que chefs-d'œuvre. On convoque la diète de Worms, mais on peint la chapelle Sixtine. Il y a Luther, mais il y a Michel-Ange.

Ce n'est donc pas une raison, parce que aujourd'hui d'autres vieilleries croulent à leur tour autour de nous, et remarquons en passant que Luther est dans les vieilleries et que Michel-Ange n'y est pas, ce n'est pas une raison parce qu'à leur tour aussi d'autres nouveautés surgissent dans ces décombres, pour que l'art, cette chose éternelle, ne continue pas de verdoyer et de florir entre la ruine d'une société qui n'est plus et l'ébauche d'une société qui n'est pas encore.

Parce que la tribune aux harangues regorge de Démosthènes, parce que les rostres sont encombrés de Cicérons, parce que nous avons trop de Mirabeaux, ce n'est pas une raison pour que nous n'ayons pas, dans quelque coin obscur, un poëte.

Il est donc tout simple, quel que soit le tumulte de la place publique, que l'art persiste, que l'art s'entête, que l'art se reste fidèle à lui-même, *tenax propositi*. Car la poésie ne s'adresse pas seulement au sujet de telle monarchie, au sénateur de telle oligarchie, au citoyen de telle république, au natif de telle nation ; elle s'adresse à l'homme, à l'homme tout entier. À l'adolescent, elle parle de l'amour ; au père, de la famille ; au vieillard, du passé ; et, quoi qu'on fasse, quelles que soient les révolutions futures, soit qu'elles prennent les sociétés caduques aux entrailles, soit qu'elles leur écorchent seulement l'épiderme, à travers tous les changements politiques possibles, il y aura toujours des enfants, des mères, des jeunes filles, des vieillards, des hommes enfin, qui aimeront, qui se réjouiront, qui souffriront. C'est à eux que va la poésie. Les révolutions, ces glorieux changements d'âge de l'humanité, les révolutions transforment tout, excepté le cœur humain. Le cœur humain est comme la terre ; on peut semer, on peut planter, on peut bâtir ce qu'on veut à sa surface ; mais il n'en continuera pas moins à produire ses verdures, ses fleurs, ses fruits naturels ; mais jamais pioches ni sondes ne le troubleront à de certaines profondeurs ; mais, de même qu'elle sera toujours la terre, il sera toujours le cœur humain ; la base de l'art, comme elle de la nature.

Pour que l'art fût détruit, il faudrait donc commencer par détruire le cœur humain.

Ici se présente une objection d'une autre espèce : — Sans contredit, dans le moment même le plus critique d'une crise politique, un pur ouvrage d'art peut apparaître à l'horizon ; mais toutes les passions, toutes les attentions, toutes les intelligences ne seront-elles pas trop absorbées par l'œuvre sociale qu'elles élaborent en commun, pour que le lever de cette sereine étoile de poésie fasse tourner les yeux à la foule ? — Ceci n'est plus qu'une question de second ordre, la question de succès, la question du libraire et non du poëte. Le fait répond d'ordinaire oui ou non aux questions de ce genre, et, au fond, il importe peu. Sans doute il y a des moments où les affaires matérielles de la société vont mal, où le courant ne les porte pas, où, accrochées à tous les accidents politiques qui se rencontrent chemin faisant, elles se gênent, s'engorgent, se barrent et s'embarrassent les unes dans les autres. Mais qu'est-ce que cela fait ? D'ailleurs, parce que le vent, comme on dit, n'est pas à la poésie, ce n'est pas un motif pour que la poésie ne prenne pas son vol. Tout au contraire des vaisseaux, les oiseaux ne volent bien que contre le vent. Or la poésie tient de l'oiseau. *Musa ales*, dit un ancien.

Et c'est pour cela même qu'elle est plus belle et plus forte, risquée au milieu des orages politiques. Quand on sent la poésie d'une certaine façon, on l'aime mieux habitant la montagne et la ruine, planant sur l'avalanche, bâtissant son aire dans la tempête, qu'en fuite vers un perpétuel printemps. On l'aime mieux aigle qu'hirondelle.

Hâtons-nous de déclarer ici, car il en est peut-être temps, que dans tout ce que l'auteur de ce livre vient de dire pour expliquer l'opportunité d'un volume de véritable poésie qui apparaîtrait dans un moment où il y a tant de prose dans les esprits, et à cause de cette prose même, il est très loin d'avoir voulu faire la moindre allusion à son propre ouvrage. Il en sent l'insuffisance et l'indigence tout le premier. L'artiste, comme l'auteur le comprend, qui prouve la vitalité de l'art au milieu d'une révolution, le poëte qui fait acte de poésie entre deux émeutes, est un grand homme, un génie, un œil, ὀφθαλμός, comme dit admirablement la métaphore grecque. L'auteur n'a jamais prétendu à la splendeur de ces titres, au-dessus desquels il n'y a rien. Non ; s'il publie en ce mois de novembre 1831 *les Feuilles d'Automne*, c'est que le contraste entre la tranquillité de ces vers et l'agitation fébrile des esprits lui a paru curieux à voir au grand jour. Il ressent, en abandonnant ce livre inutile au flot populaire qui emporte tant d'autres choses meilleures, un peu de ce mélancolique plaisir qu'on éprouve à jeter une fleur dans un torrent, et à voir ce qu'elle devient.

Qu'on lui passe une image un peu ambitieuse, le volcan d'une révolution était ouvert devant ses yeux. Le volcan l'a tenté. Il s'y précipite. Il sait fort bien du reste qu'Empédocle n'est pas un grand homme, et qu'il n'est resté de lui que sa chaussure.

Il laisse donc aller ce livre à sa destinée, quelle qu'elle soit, *liber, ibis in urbem*, et demain il se tournera d'un autre côté. Qu'est-ce d'ailleurs que ces pages qu'il livre ainsi, au hasard, au premier vent qui en voudra ? Des feuilles tombées, des feuilles mortes, comme toutes feuilles d'automne. Ce n'est point là de la poésie de tumulte et de bruit ; ce sont des vers sereins et paisibles, des vers comme tout le monde en fait ou en rêve, des vers de la famille, du foyer domestique, de la vie privée ; des vers de l'intérieur de l'âme. C'est un regard mélancolique et résigné, jeté çà et là sur ce qui est, surtout sur c e qui a été. C'est l'écho de ces pensées, souvent inexprimables, qu'éveillent confusément dans notre esprit les mille objets de la création qui souffrent ou qui languissent autour de nous, une fleur qui s'en va, une étoile qui tombe, un soleil qui se couche, une église sans toit, une rue pleine d'herbe ; ou l'arrivée imprévue d'un ami de collège presque oublié, quoique toujours aimé dans un repli obscur du cœur ; ou la contemplation de ces hommes à volonté forte qui brisent le destin ou se font briser par lui ; ou le passage d'un de ces êtres faibles qui ignorent l'avenir, tantôt un enfant, tantôt un roi. Ce sont enfin, sur la vanité des projets et des espérances, sur l'amour à vingt ans, sur l'amour à trente ans, sur ce qu'il y a de triste dans le bonheur, sur cette infinité de choses douloureuses dont se composent nos années, ce sont de ces élégies comme le cœur du poëte en laisse sans cesse écouler par toutes les fêlures que lui font les secousses de la vie. Il y a deux mille ans que

Térence disait :

> Plenus rimarum sum ; hac atque illac
> Perfluo.

C'est maintenant le lieu de répondre à la question des personnes qui ont bien voulu demander à l'auteur si les deux ou trois odes inspirées par les évènements contemporains, qu'il a publiées à différentes époques depuis dix-huit mois, seraient comprises dans *les Feuilles d'Automne*. Non. Il n'y a point ici place pour cette poésie qu'on appelle politique et qu'il voudrait qu'on appelât historique. Ces poésies véhémentes et passionnées auraient troublé le calme et l'unité de ce volume. Elles font d'ailleurs partie d'un recueil de poésie politique, que l'auteur tient en réserve. Il attend pour le publier un moment plus littéraire.

Ce que sera ce recueil, quelles sympathies et quelles antipathies l'inspireront, on peut en juger, si l'on en est curieux, par la pièce XL du livre que nous mettons au jour. Cependant, dans la position indépendante, désintéressée et laborieuse où l'auteur a voulu rester, dégagé de toute haine comme de toute reconnaissance politique, ne devant rien à aucun de ceux qui sont puissants aujourd'hui, prêt à se laisser reprendre tout ce qu'on aurait pu lui laisser par indifférence ou par oubli, il croit avoir le droit de dire d'avance que ses vers seront ceux d'un homme honnête, simple et sérieux, qui veut toute liberté, toute amélioration, tout progrès, et en même temps toute précaution, tout ménagement et toute mesure ; qui n'a plus, il est vrai, la même opinion qu'il y a dix ans sur ces choses variables qui constituent les questions politiques, mais qui, dans ses changements de conviction, s'est toujours laissé conseiller par sa conscience, jamais par son intérêt. Il répétera en outre ici ce qu'il a déjà dit ailleurs[1] et ce qu'il ne se lassera jamais de dire et de prouver : que, quelle que soit sa partialité passionnée pour les peuples dans l'immense querelle qui s'agite au dix-neuvième siècle entre eux et les rois, jamais il n'oubliera quelles ont été les opinions, les crédulités, et même les erreurs de sa première jeunesse. Il n'attendra jamais qu'on lui rappelle qu'il a été, à dix-sept ans, stuartiste, jacobite et cavalier ; qu'il a presque aimé la Vendée avant la France ; que si son père a été un des premiers volontaires de la grande république, sa mère, pauvre fille de quinze ans, en fuite à travers le Bocage, a été une *brigande*, comme madame de Bonchamp et madame de Larochejaquelein. Il n'insultera pas la race tombée, parce qu'il est de ceux qui ont eu foi en elle et qui, chacun pour sa part et selon son importance, avaient cru pouvoir répondre d'elle à la France. D'ailleurs, quelles que soient les fautes, quels que soient même les crimes, c'est le cas plus que jamais de prononcer le nom de Bourbon avec précaution, gravité et respect, maintenant que le vieillard qui a été le roi n'a plus sur la tête que des cheveux blancs.

Paris, 24 novembre 1831.

1. ↑ Préface de *Marion de Lorme*.

# XXII

## À UNE FEMME.

> C'est une âme charmante
> DIDEROT.

Enfant ! si j'étais roi, je donnerais l'empire,
Et mon char, et mon sceptre, et mon peuple à genoux,
Et ma couronne d'or, et mes bains de porphyre,
Et mes flottes, à qui la mer ne peut suffire,
     Pour un regard de vous !

Si j'étais Dieu, la terre et l'air avec les ondes,
Les anges, les démons courbés devant ma loi,
Et le profond chaos aux entrailles fécondes,
L'éternité, l'espace, et les cieux, et les mondes,
     Pour un baiser de toi !

8 mai 1829.

# XXXV

## SOLEILS COUCHANTS.

*Merveilleux tableaux que la vue découvre à la pensée.*
CH. NODIER

# I

J'aime les soirs sereins et beaux, j'aime les soirs,
Soit qu'ils dorent le front des antiques manoirs
      Ensevelis dans les feuillages ;
Soit que la brume au loin s'allonge en bancs de feu ;
Soit que mille rayons brisent dans un ciel bleu
      À des archipels de nuages.

Oh ! regardez le ciel ! cent nuages mouvants,
Amoncelés là-haut sous le souffle des vents,
      Groupent leurs formes inconnues ;
Sous leurs flots par moments flamboie un pâle éclair,
Comme si tout à coup quelque géant de l'air
      Tirait son glaive dans les nues.

Le soleil, à travers leurs ombres, brille encor ;
Tantôt fait, à l'égal des larges dômes d'or,
      Luire le toit d'une chaumière ;
Ou dispute aux brouillards les vagues horizons ;
Ou découpe, en tombant sur les sombres gazons,
      Comme de grands lacs de lumière.

Puis voilà qu'on croit voir, dans le ciel balayé,

Pendre un grand crocodile au dos large et rayé,
        Aux trois rangs de dents acérées ;
Sous son ventre plombé glisse un rayon du soir ;
Cent nuages ardents luisent sous son flanc noir
        Comme des écailles dorées.

Puis se dresse un palais ; puis l'air tremble, et tout fuit.
L'édifice effrayant des nuages détruit
        S'écroule en ruines pressées ;
Il jonche au loin le ciel, et ses cônes vermeils
Pendent, la pointe en bas, sur nos têtes, pareils
        À des montagnes renversées.

Ces nuages de plomb, d'or, de cuivre, de fer,
Où l'ouragan, la trombe, et la foudre, et l'enfer
        Dorment avec de sourds murmures,
C'est Dieu qui les suspend en foule aux cieux profonds,
Comme un guerrier qui pend aux poutres des plafonds
        Ses retentissantes armures.

Tout s'en va ! Le soleil, d'en haut précipité,
Comme un globe d'airain qui, rouge, est rejeté
        Dans les fournaises remuées,
En tombant sur leurs flots que son choc désunit
Fait en flocons de feu jaillir jusqu'au zénith
        L'ardente écume des nuées.

Oh ! contemplez le ciel ! et dès qu'a fui le jour,
En tout temps, en tout lieu, d'un ineffable amour,
        Regardez à travers ses voiles ;

Un mystère est au fond de leur grave beauté,
L'hiver, quand ils sont noirs comme un linceul, l'été,
 Quand la nuit les brode d'étoiles.

    Novembre 1828.

## II

Le jour s'enfuit des cieux : sous leur transparent voile
De moments en moments se hasarde une étoile ;
La nuit, pas à pas, monte au trône obscur des soirs ;
Un coin du ciel est brun, l'autre lutte avec l'ombre ;
Et déjà, succédant au couchant rouge et sombre,
Le crépuscule gris meurt sur les coteaux noirs.

Et là-bas, allumant ses vitres étoilées,
Avec sa cathédrale aux flèches dentelées,
Les tours de son palais, les tours de sa prison,
Avec ses hauts clochers, sa bastille obscurcie,
Posée au bord du ciel comme une longue scie,
La ville aux mille toits découpe l'horizon.

Oh ! qui m'emportera sur quelque tour sublime
D'où la cité sous moi s'ouvre comme un abîme !
Que j'entende, écoutant la ville où nous rampons,
Mourir sa vaste voix, qui semble un cri de veuve,
Et qui, le jour, gémit plus haut que le grand fleuve,
Le grand fleuve irrité luttant contre vingt ponts !

Que je voie, à mes yeux en fuyant apparues,
Les étoiles des chars se croiser dans les rues,

Et serpenter le peuple en l'étroit carrefour,
Et tarir la fumée au bout des cheminées,
Et, glissant sur le front des maisons blasonnées,
Cent clartés naître, luire et passer tour à tour !

Que la vieille cité, devant moi, sur sa couche
S'étende, qu'un soupir s'échappe de sa bouche,
Comme si de fatigue on l'entendait gémir !
Que, veillant seul, debout sur son front que je foule,
Avec mille bruits sourds d'océan et de foule,
Je regarde à mes pieds la géante dormir !

23 juillet 1828.

# III

Plus loin ! allons plus loin ! — Aux feux du couchant sombre,
J'aime à voir dans les champs croître et marcher mon ombre.
Et puis, la ville est là ! je l'entends, je la voi.
Pour que j'écoute en paix ce que dit ma pensée,
  Ce Paris, à la voix cassée,
  Bourdonne encor trop près de moi.

Je veux fuir assez loin pour qu'un buisson me cache
Ce brouillard, que son front porte comme un panache,
Ce nuage éternel sur ses tours arrêté ;
Pour que du moucheron, qui bruit et qui passe,
  L'humble et grêle murmure efface
  La grande voix de la cité !

 26 août 1828.

# IV

Oh ! sur des ailes, dans les nues
Laissez-moi fuir ! laissez-moi fuir !
Loin des régions inconnues
C'est assez rêver et languir !
Laissez-moi fuir vers d'autres mondes.
C'est assez, dans les nuits profondes,
Suivre un phare, chercher un mot.
C'est assez de songe et de doute.
Cette voix que d'en bas j'écoute,
Peut-être on l'entend mieux là-haut.
Allons ! des ailes ou des voiles !
Allons ! un vaisseau tout armé !
Je veux voir les autres étoiles
Et la croix du sud enflammé.
Peut-être dans cette autre terre
Trouve-t-on la clef du mystère
Caché sous l'ordre universel ;
Et peut-être aux fils de la lyre
Est-il plus facile de lire
Dans cette autre page du ciel !

Août 1828.

# V

Quelquefois, sous les plis des nuages trompeurs,
Loin dans l'air, à travers les brèches des vapeurs
      Par le vent du soir remuées,
Derrière les derniers brouillards, plus loin encor,
Apparaissent soudain les mille étages d'or
      D'un édifice de nuées ;

Et l'œil épouvanté, par delà tous nos cieux,
Sur une île de l'air au vol audacieux,
      Dans l'éther libre aventurée,
L'œil croit voir jusqu'au ciel monter, monter toujours,
Avec ses escaliers, ses ponts, ses grandes tours,
      Quelque Babel démesurée.

      Septembre 1828.

# VI

Le soleil s'est couché ce soir dans les nuées.
Demain viendra l'orage, et le soir, et la nuit ;
Puis l'aube, et ses clartés de vapeurs obstruées ;
Puis les nuits, puis les jours, pas du temps qui s'enfuit !

Tous ces jours passeront ; ils passeront en foule
Sur la face des mers, sur la face des monts,
Sur les fleuves d'argent, sur les forêts où roule
Comme un hymne confus des morts que nous aimons.

Et la face des eaux, et le front des montagnes,
Ridés et non vieillis, et les bois toujours verts
S'iront rajeunissant ; le fleuve des campagnes
Prendra sans cesse aux monts le flot qu'il donne aux mers.

Mais moi, sous chaque jour courbant plus bas ma tête,
Je passe, et, refroidi sous ce soleil joyeux,
Je m'en irai bientôt, au milieu de la fête,
Sans que rien manque au monde, immense et radieux !

    22 avril 1829.

# À propos de cette édition électronique

Ce livre électronique est issu de la bibliothèque numérique Wikisource[1]. Cette bibliothèque numérique multilingue, construite par des bénévoles, a pour but de mettre à la disposition du plus grand nombre tout type de documents publiés (roman, poèmes, revues, lettres, etc.)

Nous le faisons gratuitement, en ne rassemblant que des textes du domaine public ou sous licence libre. En ce qui concerne les livres sous licence libre, vous pouvez les utiliser de manière totalement libre, que ce soit pour une réutilisation non commerciale ou commerciale, en respectant les clauses de la licence Creative Commons BY-SA 3.0[2] ou, à votre convenance, celles de la licence GNU FDL[3].

Wikisource est constamment à la recherche de nouveaux membres. N'hésitez pas à nous rejoindre. Malgré nos soins, une erreur a pu se glisser lors de la transcription du texte à partir du fac-similé. Vous pouvez nous signaler une erreur à cette adresse[4].

Les contributeurs suivants ont permis la réalisation de ce livre :

- Phe
- Pikinez
- Jumias23

- Levana Taylor
- Marc
- Yann
- Zyephyrus
- Id027411
- Acélan
- Zoé
- Hypperbone
- Milda
- Aristoi
- VIGNERON
- QuentinvBot
- Herisson
- Sebdelprat
- Ernest-Mtl
- Grondin
- ABrocke
- Pyb

---

1. ↑ http://fr.wikisource.org
2. ↑ http://creativecommons.org/licenses/by-sa/3.0/deed.fr
3. ↑ http://www.gnu.org/copyleft/fdl.html
4. ↑ http://fr.wikisource.org/wiki/Aide:Signaler_une_erreur

Printed in Great
Britain
by Amazon